MW00697919

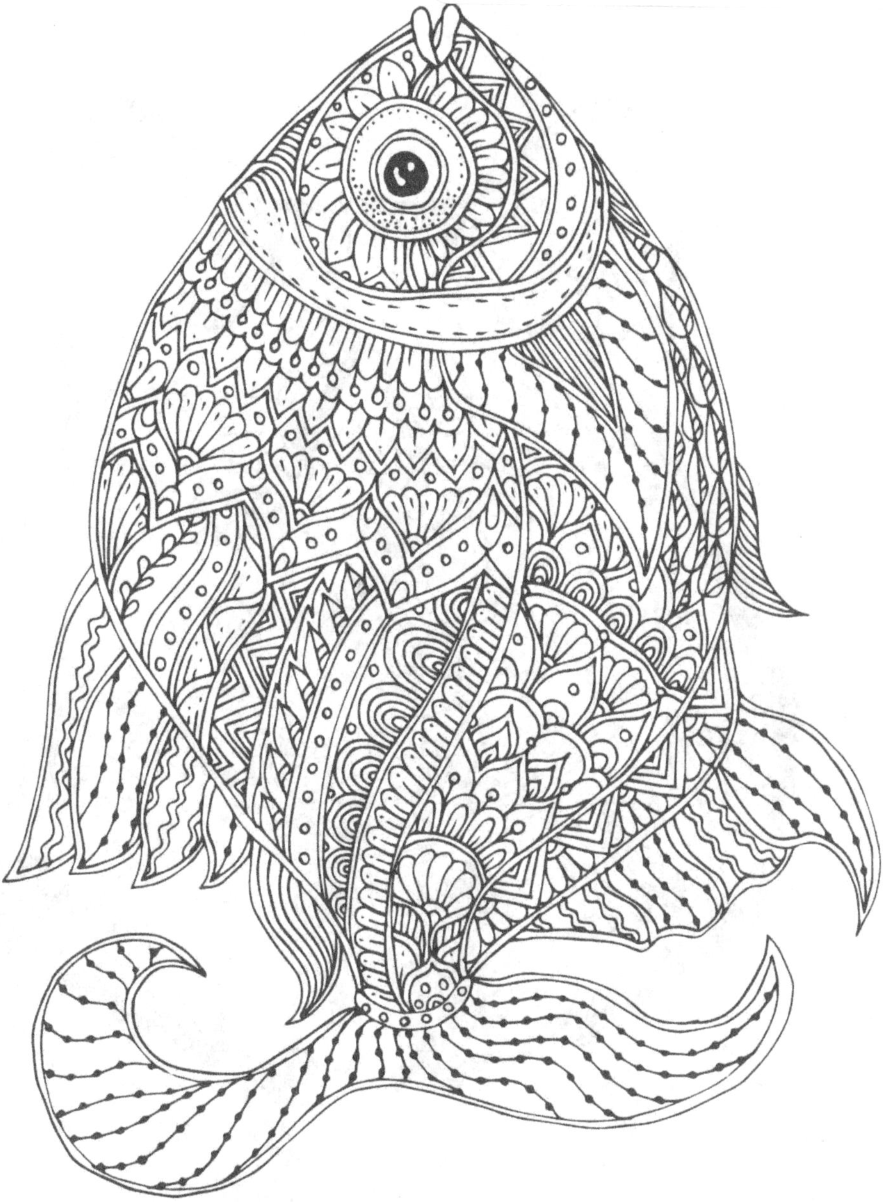

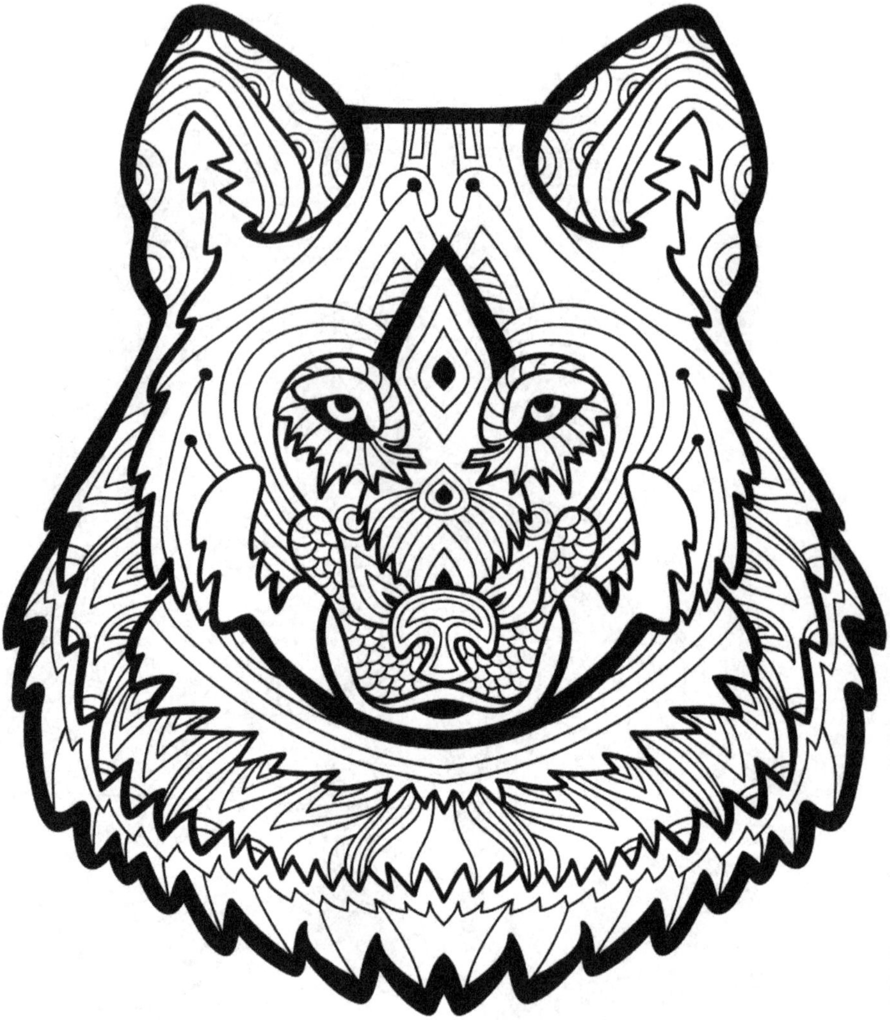

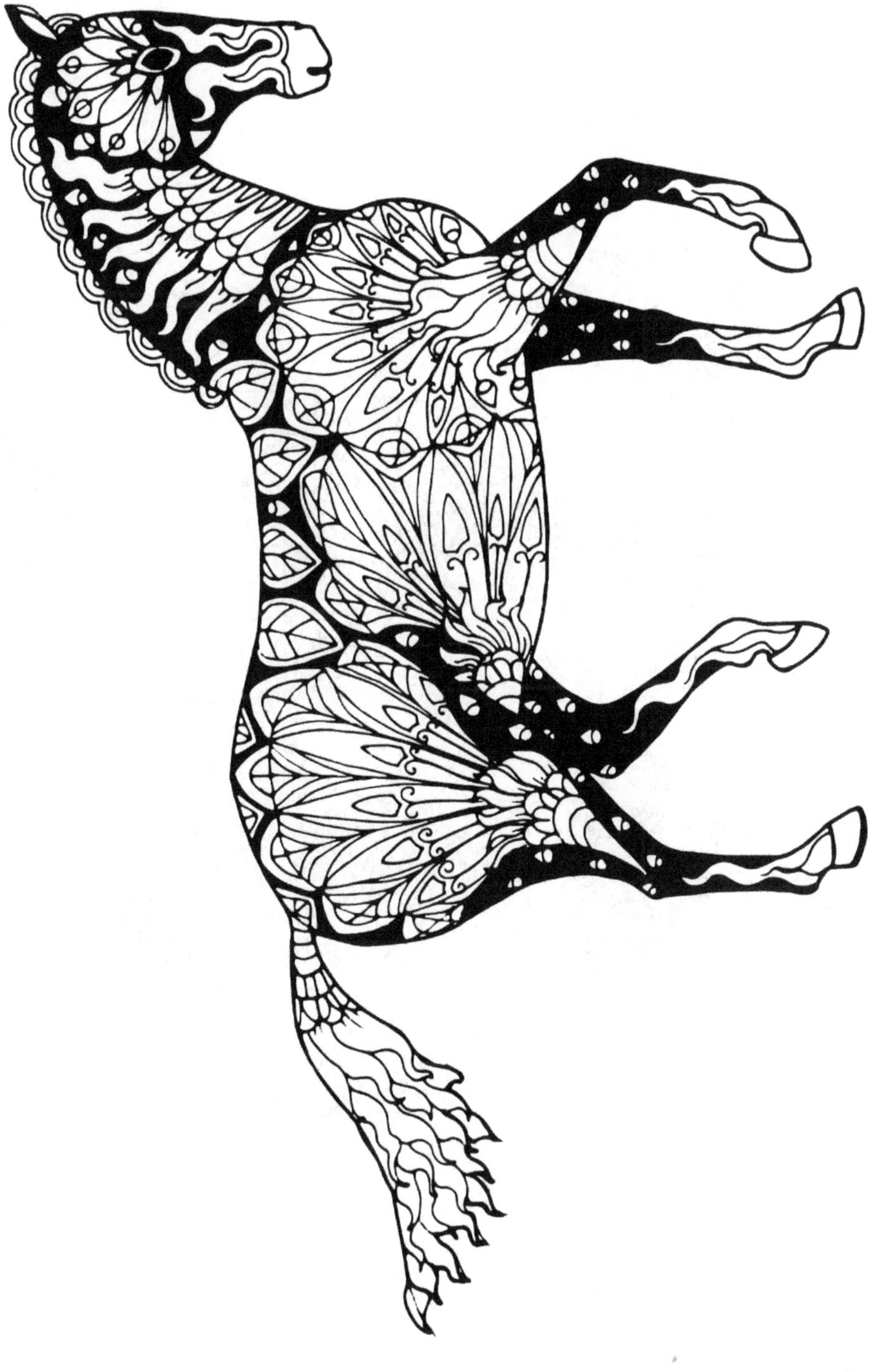

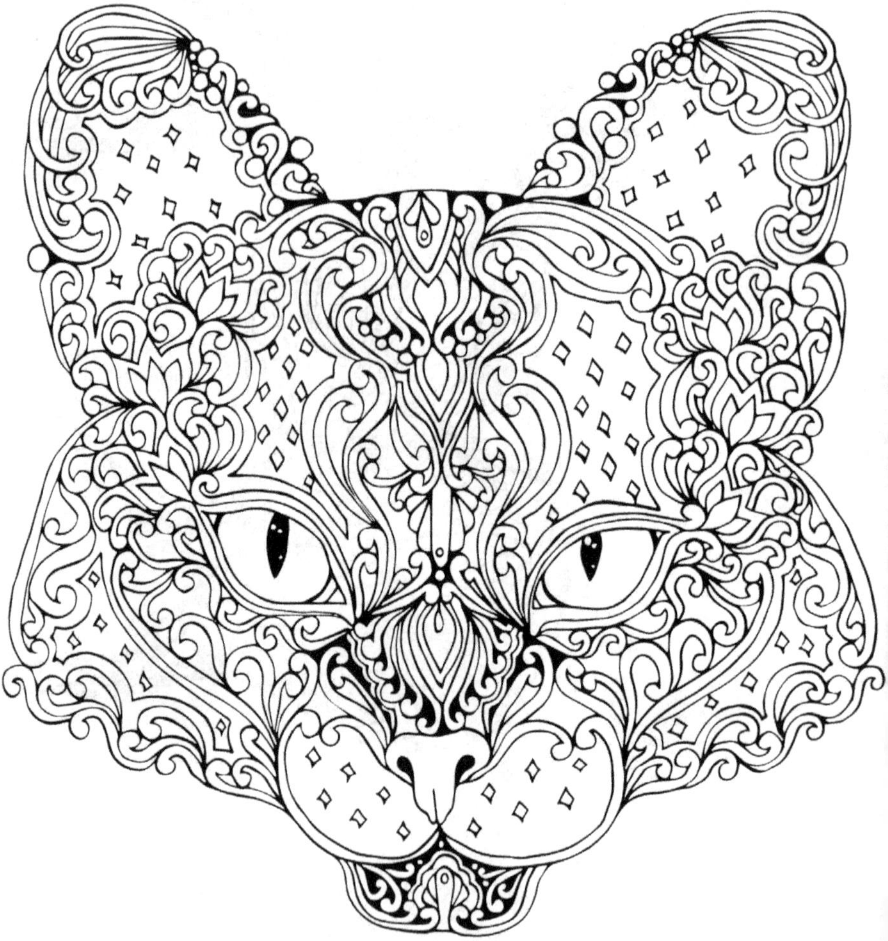

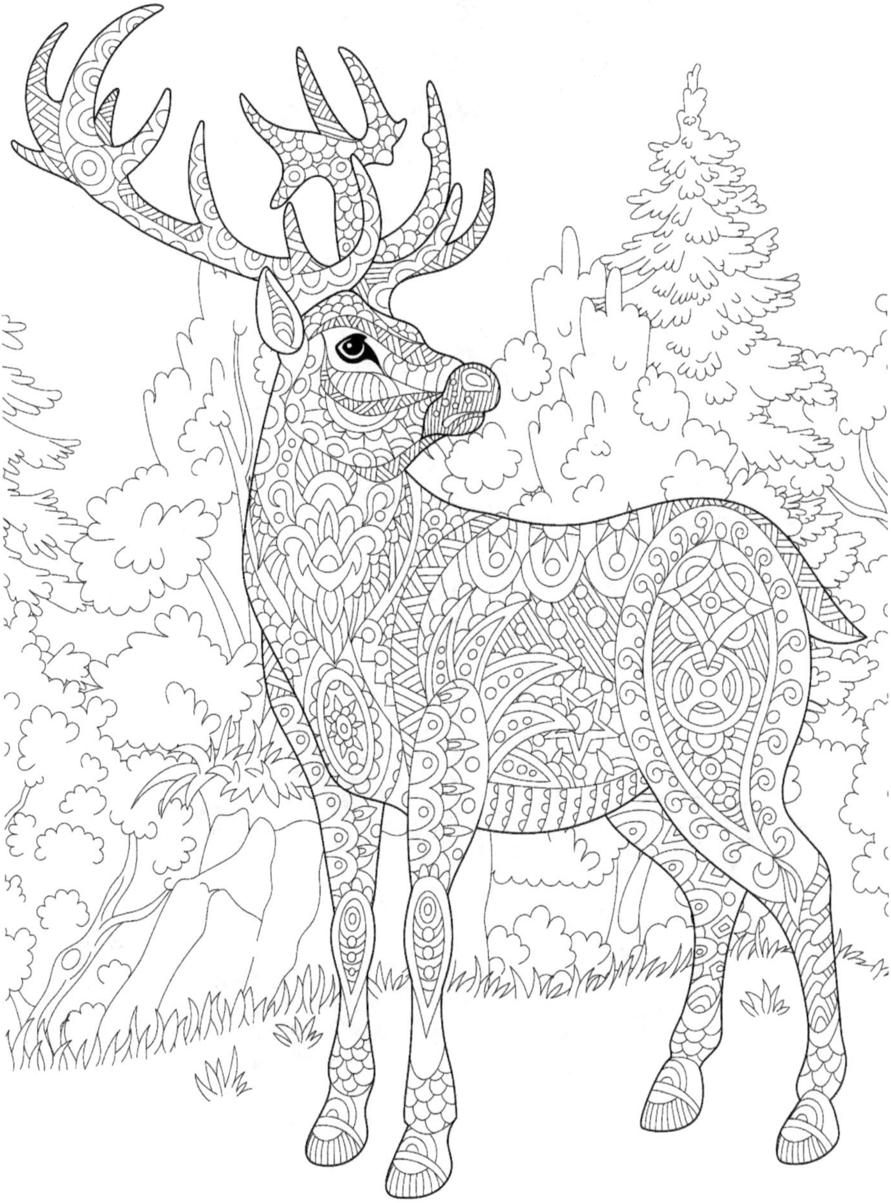

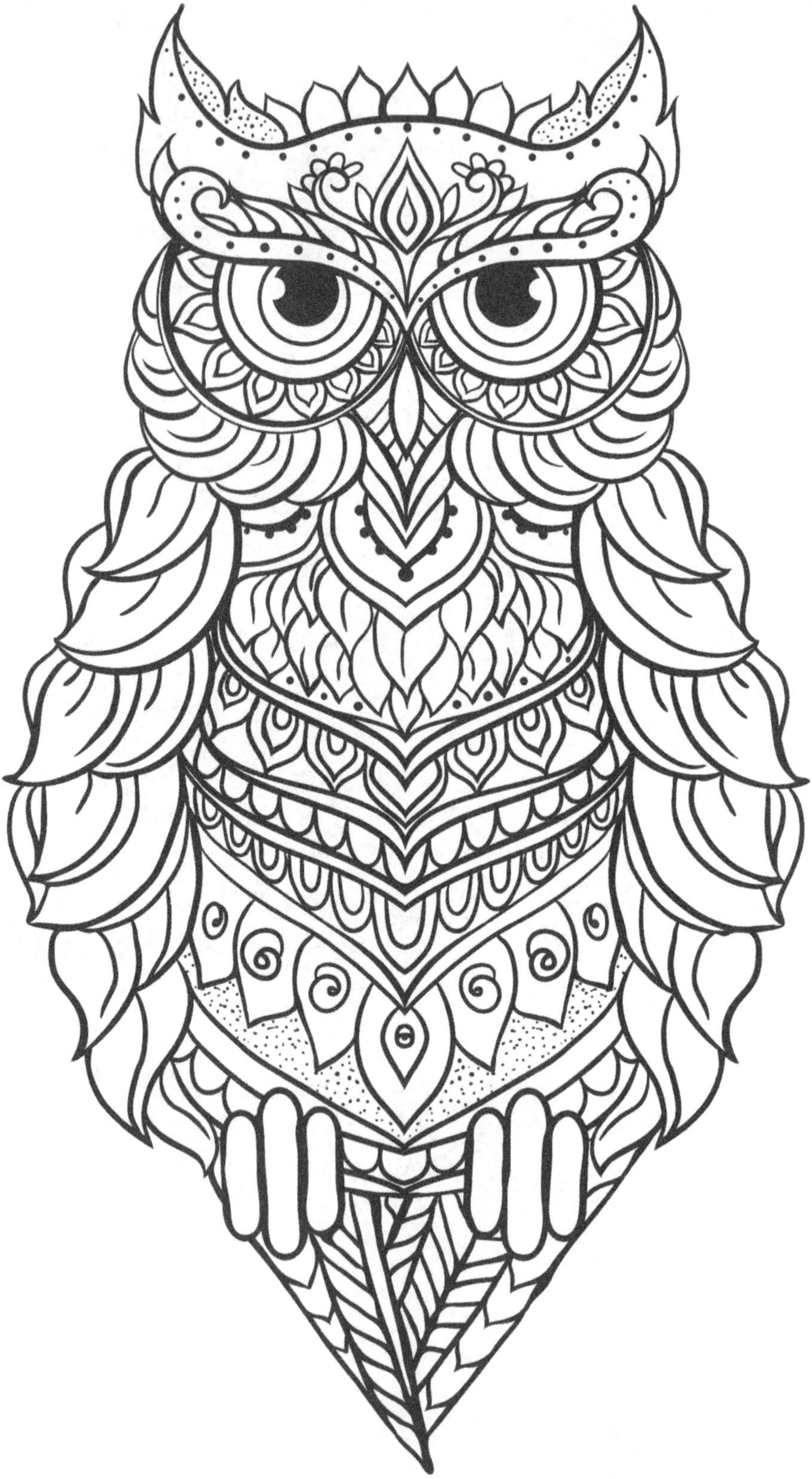

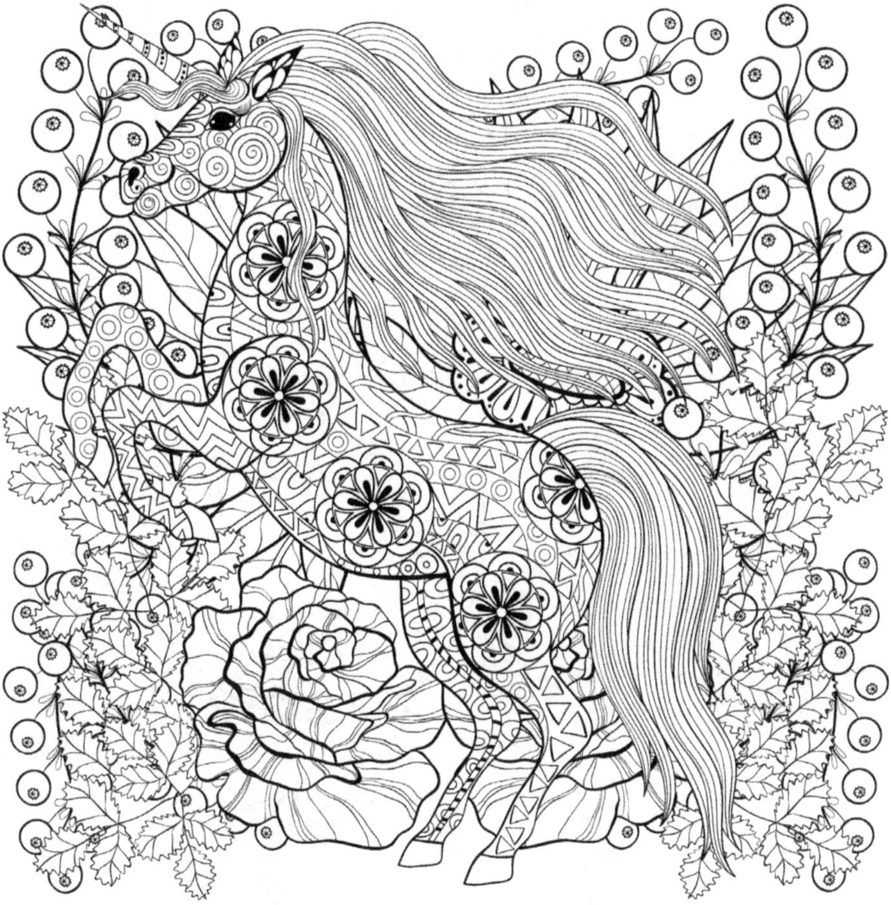

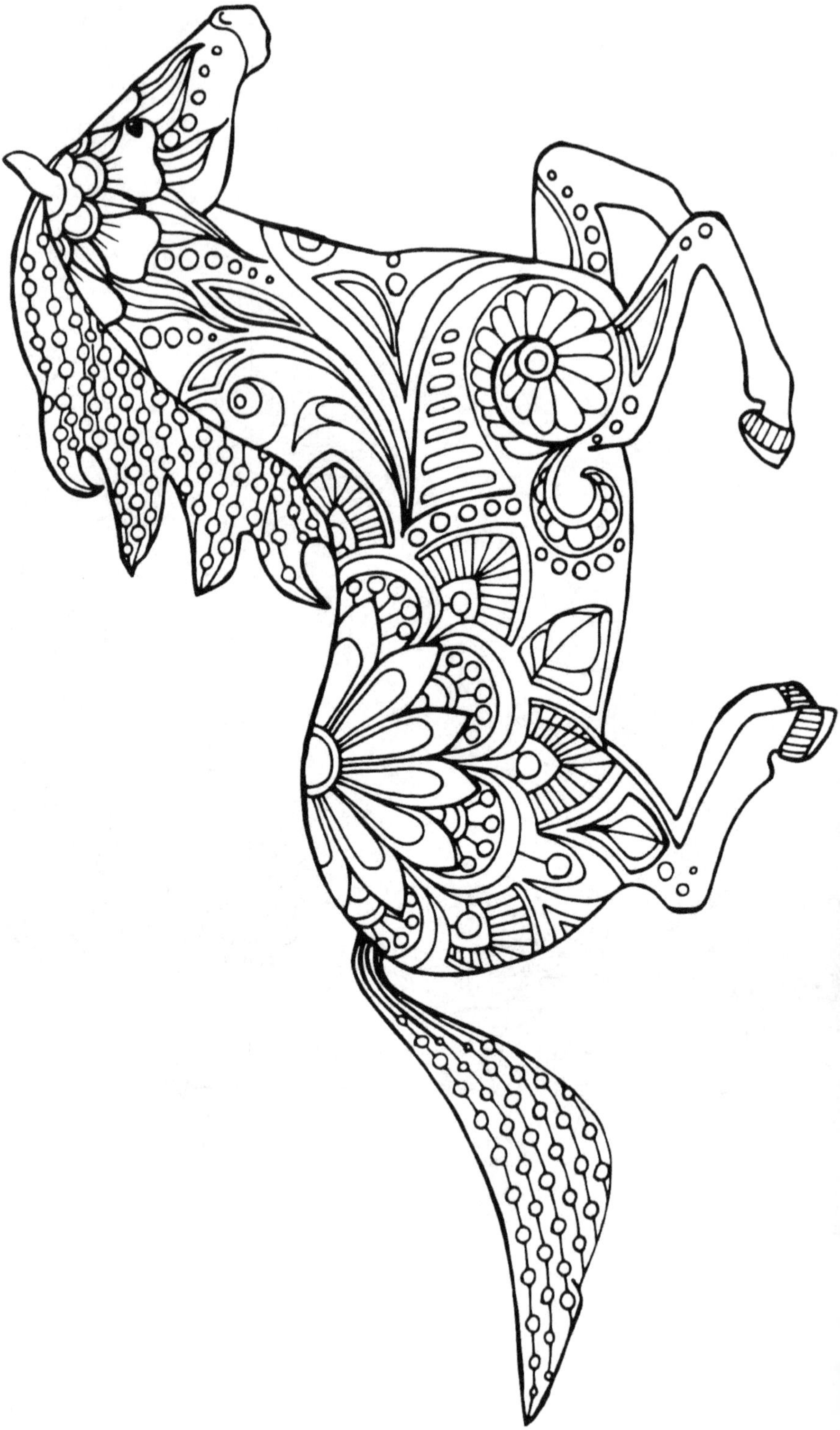

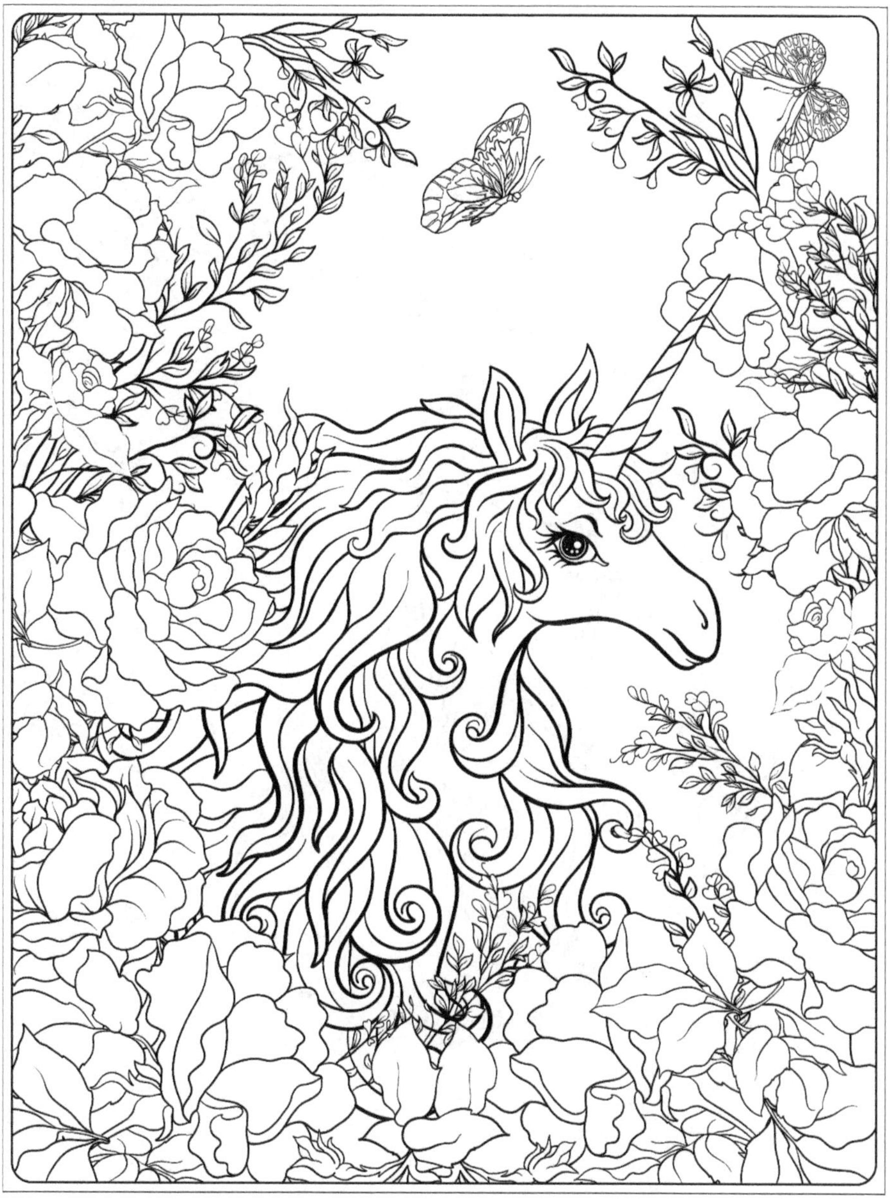

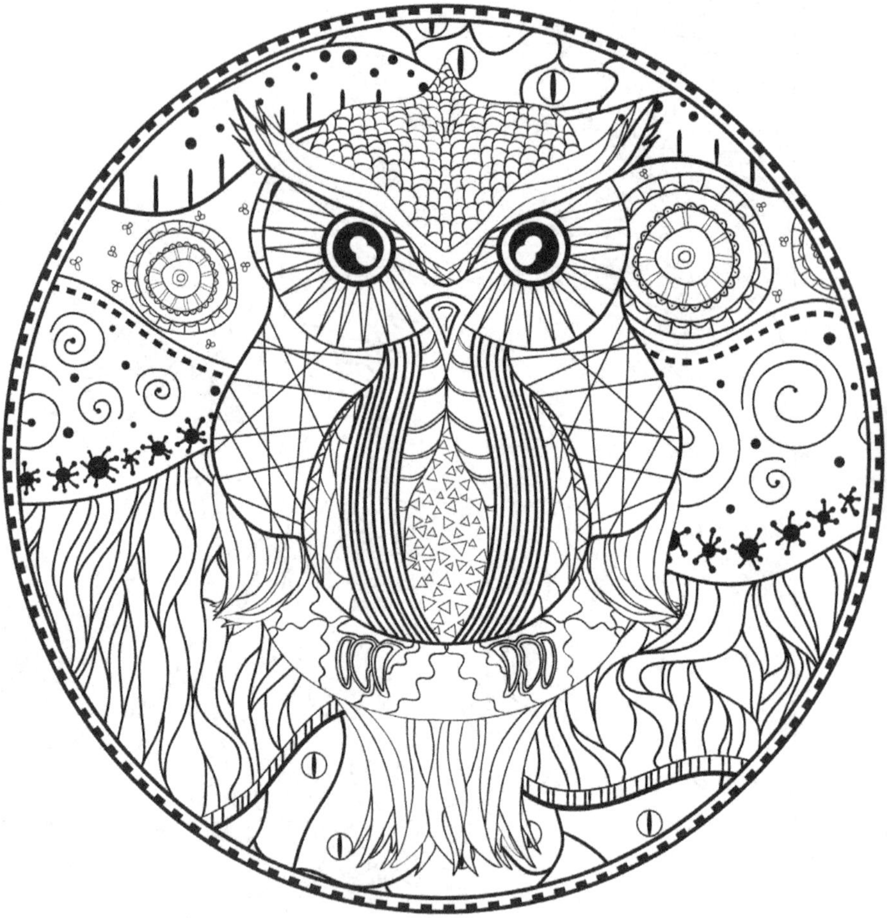

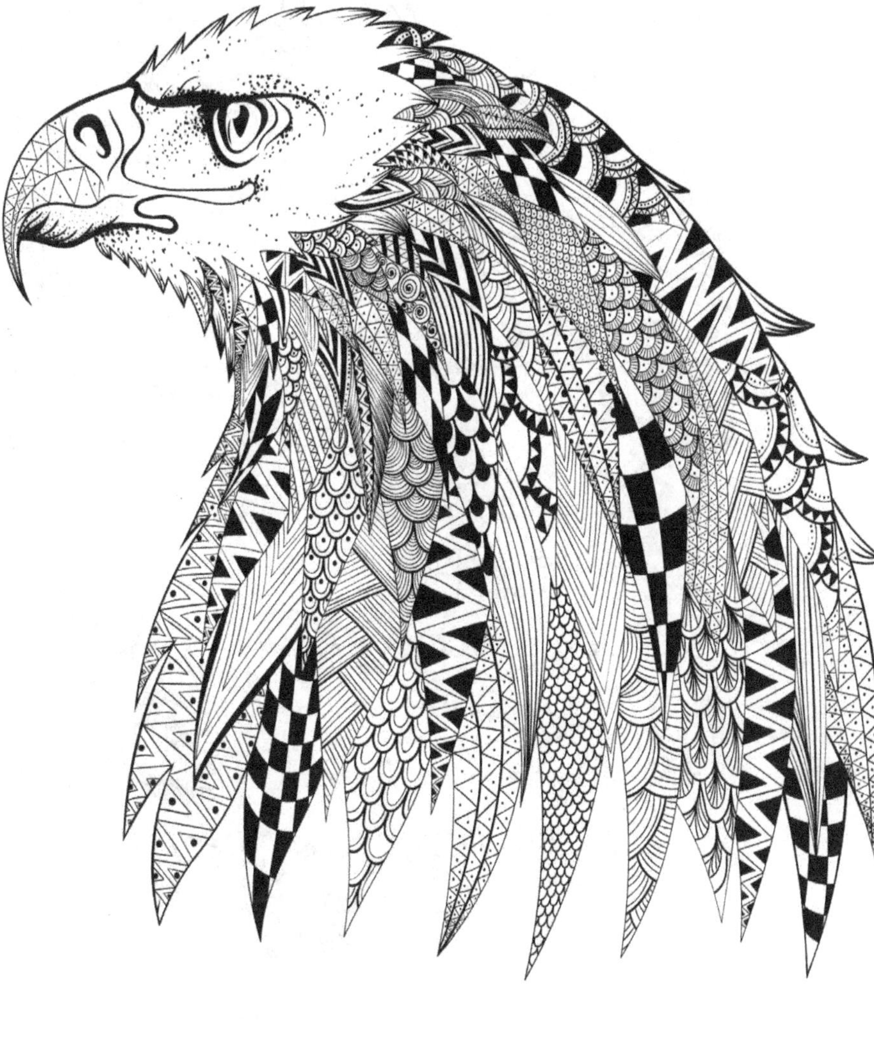

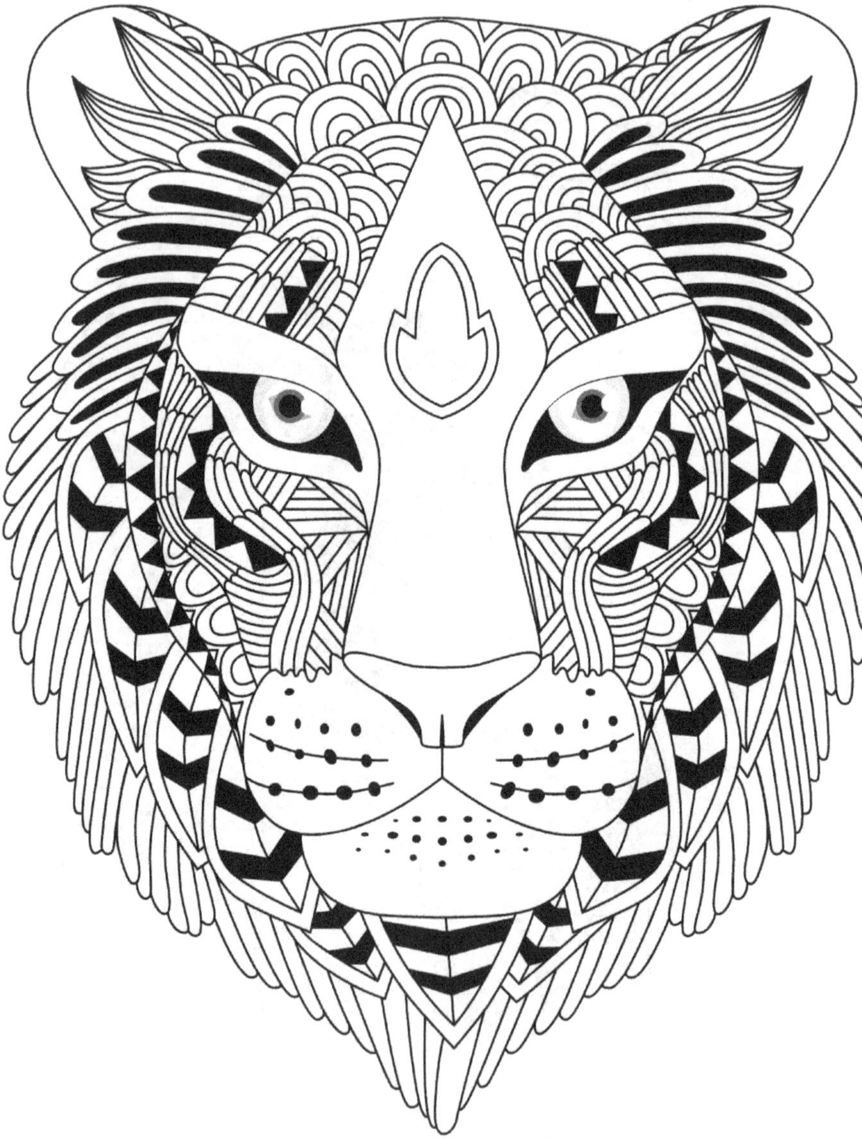

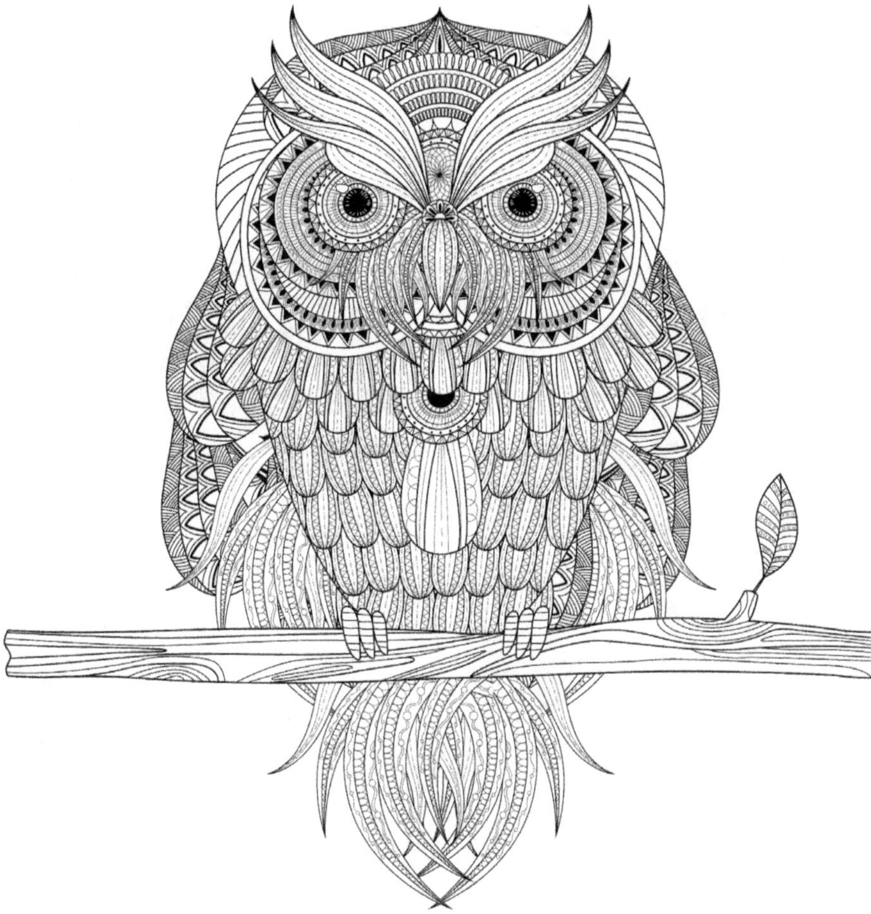

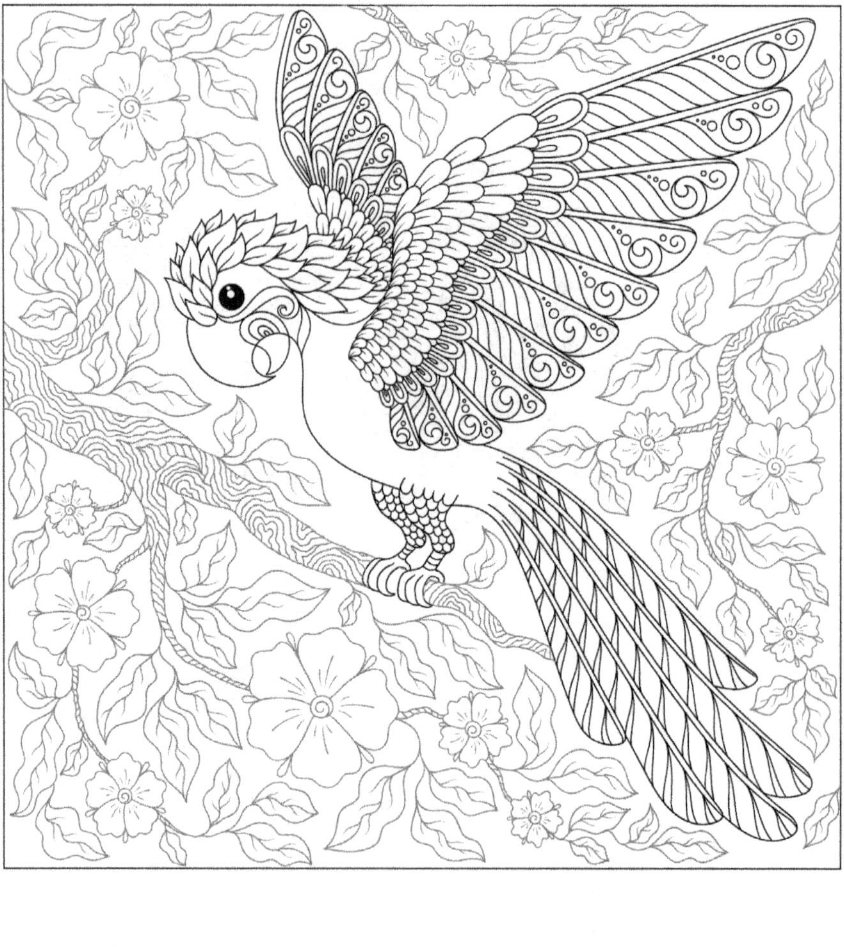

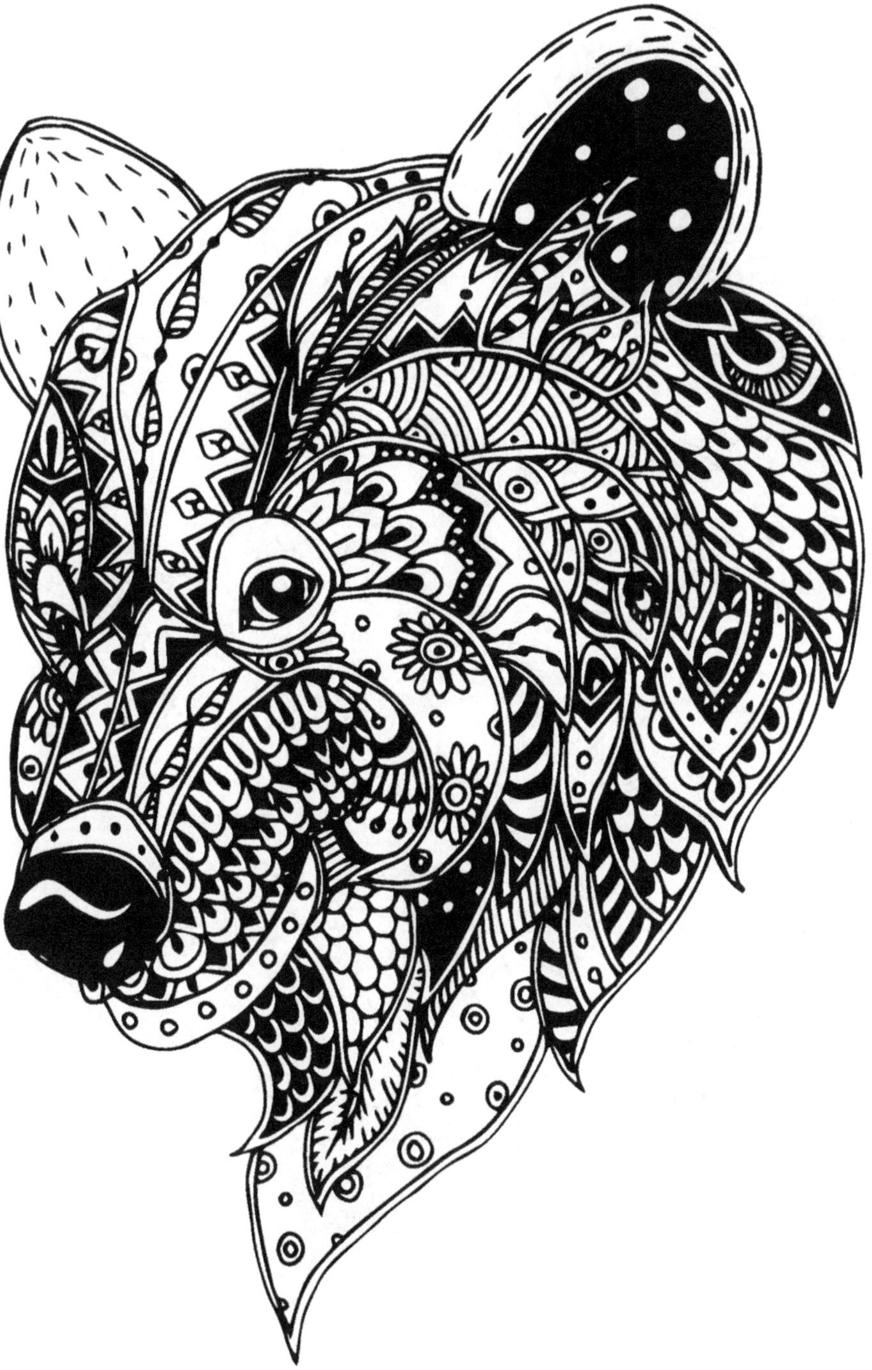

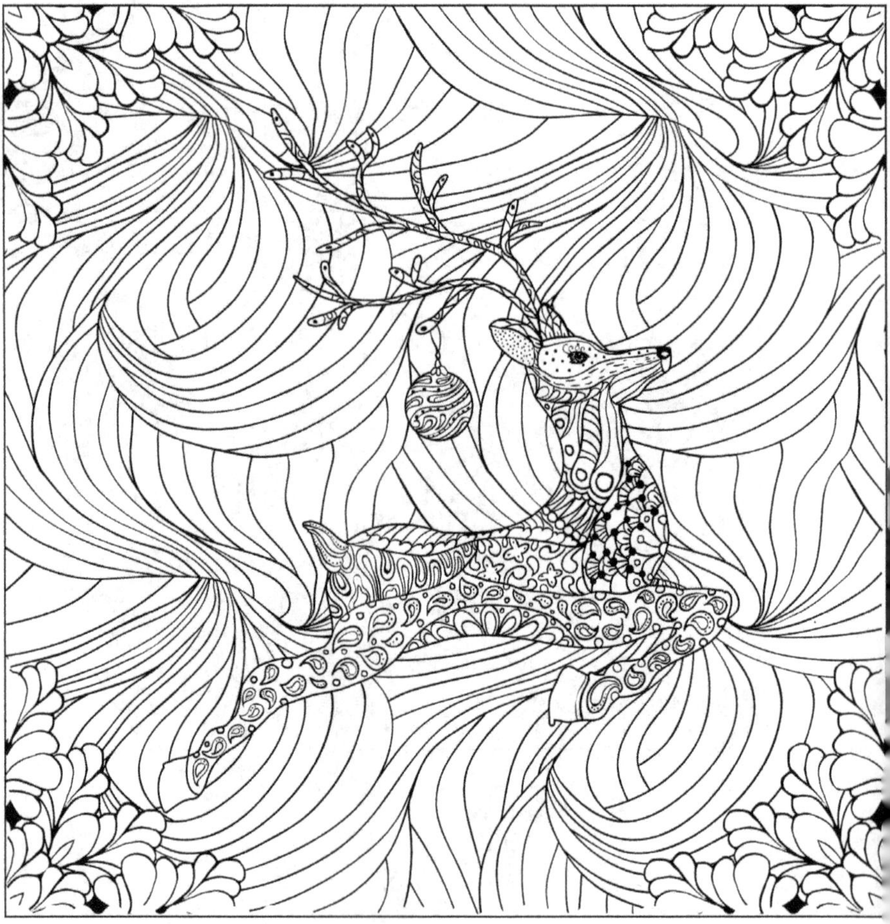

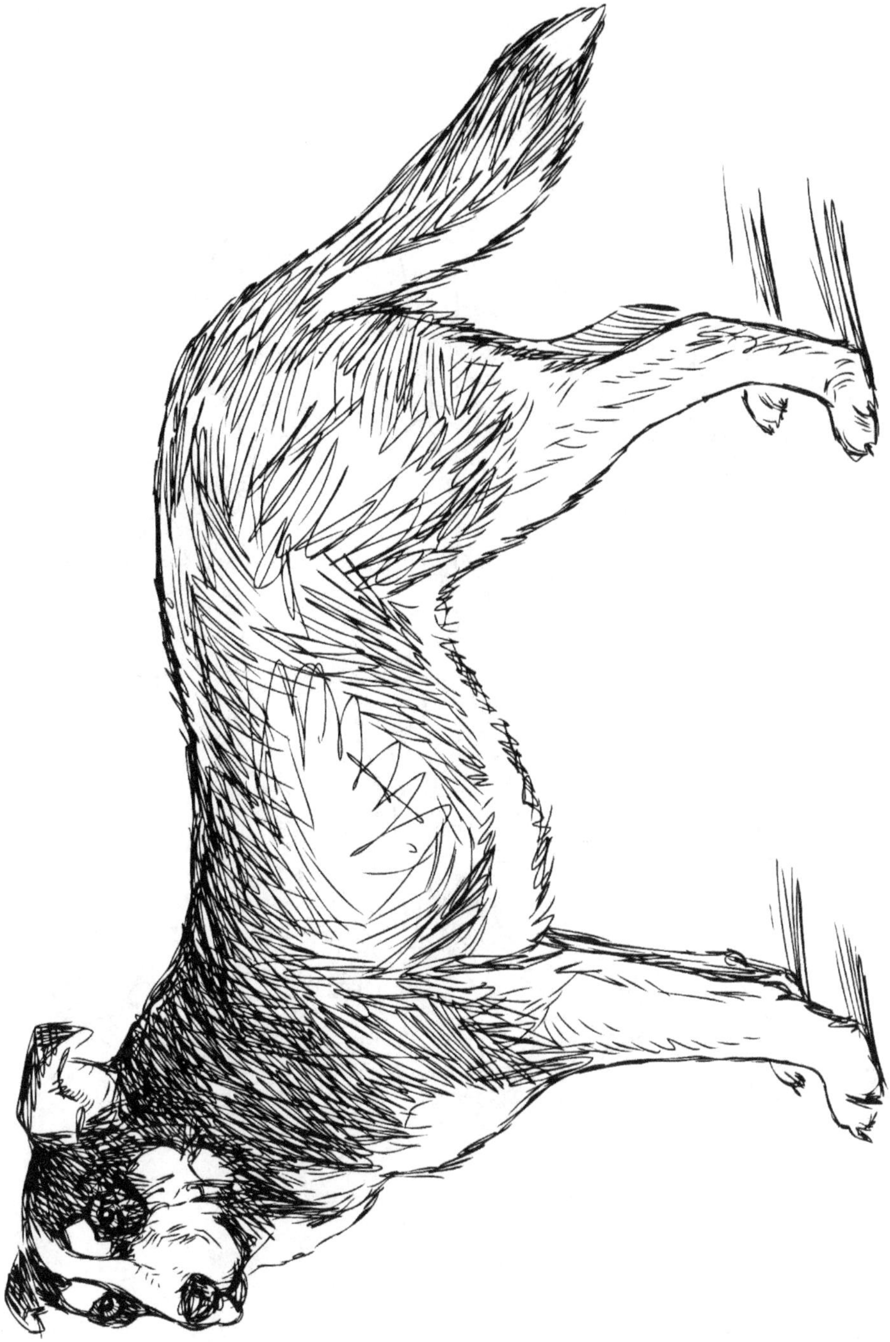

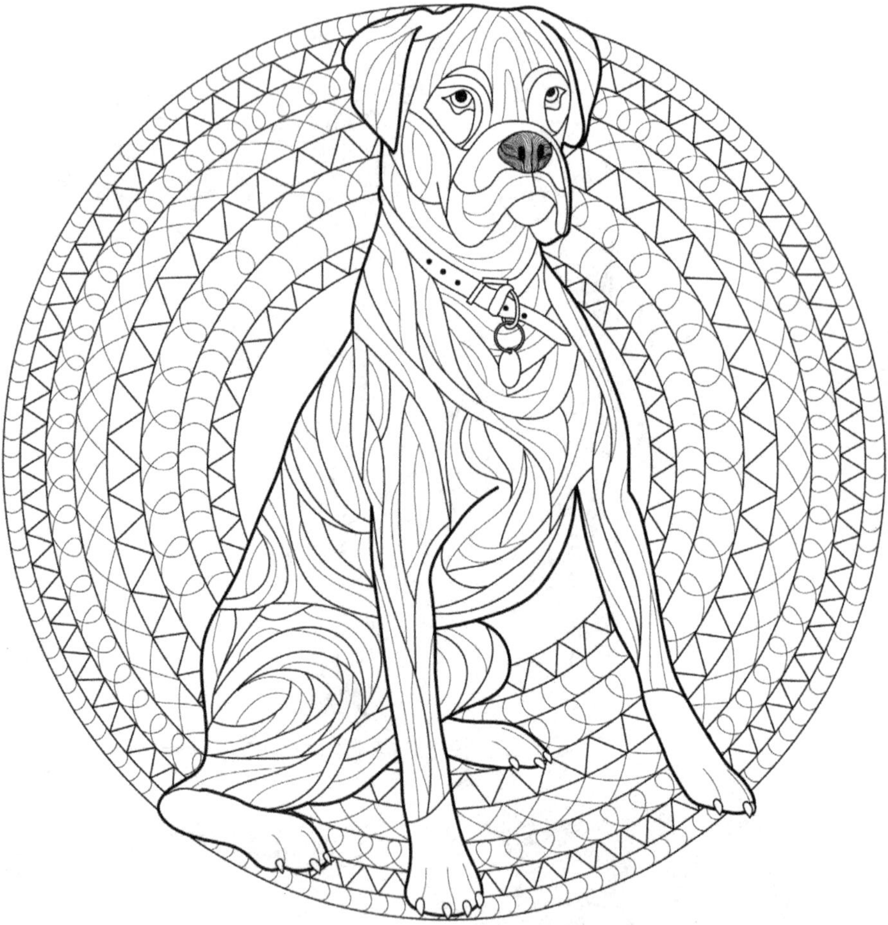

CPSIA information can be obtained
at www.ICGtesting.com
Printed in the USA
BVHW070120060722
641302BV00016B/707

9 781945 260834